最速で結果を出すためのエクストリーム自己管理術

実行の鬼

ゴンドー優希

sanctuary books

今日やれることを、
ただやり切るだけ。

はじめに

私には人に誇れることがなかった。
焦りと劣等感の塊でした。
だからとにかく成果を出したかった。
圧倒的な成果を出してみせたかったのです。

成果を左右するものとはなんでしょうか。
その答えははじめからわかっていました。
それは、

「やるべきことをどれだけ実行に移せるか」

ということです。

でも私たちは、

「やるべきだと思っていること」と「実際にやっていること」がとてもよく食い違います。

身体を絞りたいけど、運動も食事制限もしていない。お金を貯めたいけど、貯金も管理もしていない。旅行に行きたいけど、予算も目的地も調べていない。

仕事も似たようなものです。

作成すべき書類があるのに、全然手をつけられていない。アポを取らなきゃと思いながら、今日も一日終わってしまった。返事をしないといけないのに、ずっと返事ができていない。

そんな毎日を繰り返しています。頭ではわかっているけど、自分自身をコントロールできない。なぜ自分はそうできないのか。意志が弱い人間なのだろうか。

きっとそうではないでしょう。

私たちは四六時中、時間、思考、予定、お金、興味……など大事なものを奪われています。一方で新製品、余計なサービス、心配、カロリー、嫉妬心……など不要なものをすすめられています。そんな仕組みの中にいると、一瞬で注意を奪われて「今なにをしようと考えていたのか？」すら忘れてしまいます。

やろうと思っていても、いざやろうとすると疲れていてできない。面倒くさい。時間が取れない。ベストタイミングがこない。

現代人の誰もがそうなのです。でもだからチャンスがあります。

余計なことは考えない。
そして「やるべきこと」をただただ実行に移す。

それだけのことさえできれば、私たちはいくらでも上をめざすことができるのです。

かくいう私はだらしない人間でした。

新卒でＮＥＣ（日本電気株式会社）に入社。希望だった営業部に配属。しかしそこは営業部員の総数約１万人、連結子会社も合わせると約３万人、しかも優秀な人間ばかりを集めたマンモス企業。私は仕事についていくだけでも精一杯でした。

忙しく働いてもなにも積み上がっていく感じがしない。募るのは同僚たちへの劣等感と焦りだけ。すぐに「なにも考えたくない」「後回しにしよう」と後ろ向きなことばかり考えるダメ会社員になりました。

追い打ちをかけるように、ある日上司から「君は同行しなくて大丈夫」と言われます。今思えばそこに深い意味はなく、その日は単に人手が足りていただけだったのかもしれません。でも心の余裕がなかった私は「君はみんなの足を引っ張っている」と宣告されたような気がしました。

自己肯定感は一気に底をつき、仕事が手につかなくなりました。


そんな私が変われたのは、テレビで刑務所の生活を見た時からです。

起床して布団をたたむ。朝食後に作業場に行って身体検査をする。刑務作業をする。運動をする。週2日の入浴。夕食後、読書をしたりラジオを聴く自由時間を経て9時に就寝。

刑務所の生活は規則正しく、不自由なものです。

しかしその不自由さを見ているうちに、不思議と心が整っていく感じがしました。

そして自分がだらしないのは、自分の行動を「自由」にしていたせいじゃないか、と思い当たったのです。

刑務所は「社会人復帰」という目的を果たすために大半の自由を奪います。その上ですべての行動を「やるべきこと」だけに向かわせます。そんな選択肢を絞り込んだ生活に、私は大きな可能性を感じたのです。

その結果、私は「自分のペースで働く生活」をやめて「時間割に従う生活」をはじめました。今日一日のタスクを洗い出した後、それらを実行する時間を決めて、あとは「なにも考えずにやり切る」と決めたのです。

もちろん口で言うほど簡単なことではありません。何度も失敗しました。かえってうまく動けない日もありました。それでも、厳しい監視の目にさらされた囚人のような態度で日々を過ごすうちに、私の一日は「実行できないパターン」から「実行できるパターン」へと少しずつ変わっていきました。

〈実行できないパターン〉

朝……今日の予定をざっくり頭に入れて会社に行く。

←

日中……適当なペースで仕事をする。

←

仕事終わり……なんとなくやり残している感があり、だらだら残業をする。

←

夜……自己肯定感が下がっていて、それを挽回しようと、不健康な行動をとる（夜更かし、過度な飲酒、不規則な食事など）。

←

翌朝……やる気がない。

〈実行できるパターン〉

朝……「今日できること」を完全に洗い出す。

←

日中……「今日の時間割」どおりに行動する。
←
仕事終わり……やり切った感があり、さっさと帰る。
←
夜……自己肯定感が上がっていて、それを維持しようと、身体とメンタルを整える。
←
翌朝……やる気がある。

さらに自分の生活を「実行できるパターン」に固定させるため、ポイントを「時間管理」「動機づけ」「勤務態度」「対人関係」「メンタル」「生活習慣」の6つに絞り、自分の一日に組み込んでいきました。

例えばこんな一日のように。

夜明け前に起床。ベランダで外気を浴びながら情報収集。白湯を飲む。静かな時間帯にメールチェックと返信をすべて終える。ストレッチをして、腕立て伏せをして、熱いシャワーと冷たいシャワーを交互に浴びる。濃いコーヒーを飲みカフェインの力を借りて「今日できること」を徹底的に洗い出し一枚の時間割を作る。朝食は30回噛んで食べる。歯磨きをしながら笑顔の練習（うまく笑えないから）をする。歩行中は営業電話をかけ続ける。信号が青になれば誰よりも早く渡り切る。立ち止まっている間はメールチェックと返信をする。電車では資料本を一冊読み切る。会社に着いたら今日会う顧客の情報を確認する。予定と予定の間は15分間空けて、瞑想と次の予定の準備。終業時にはデスクを磨き上げる。45度のお辞儀をして退社する。帰宅したら靴を磨き上げる。掃除、洗濯、食事の順番に済ませたら、風呂に浸りながら一人反省会をする。「自分の電話番号の留守電」に業務報告を残す。30分間の自由時間。夜10時になったら明日着ていくシャツと下着を用意して消灯。

するとどうなっていったか。疲弊していった？　とんでもありません。私の心は日々安定していきました。どれだけ大変なタスクでも、やらないより、やった方がずっと楽。やった後に後悔することはないと知ったのです。

そしてある時点から急に契約が決まりはじめました。担当する取引先が増え、県警も任せてもらうようになりました。担当する県警の数も増え、関東全域の県警へ、さらに他の地域へ、気づけばほぼすべての都道府県警にＮＥＣの免許システムを導入するという契約を取り付けていました。

そのおかげで入社3年で売上1位。約3万人いる営業部員の中で1位になれたのです。入社3年での達成は、NEC史上最速の出来事だと言われました。

私はアスリートでもなんでもありません。

それでもトップに立った時の感覚というのは、きっと似たような感じなんじゃないかと思います。「やれることを、ただやり切る」ことを繰り返していただけ。努力したという実感がありません。

でもそんな淡々とした毎日によって、私はいつの間にか自分の限界を超えていたのです。私にも人に誇れることができました。満足した私は、NECを退職しました。


現在はその時の経験を活かして、「自己管理の専門家」として常時1000人を超える社会人たちに、仕事や起業、勉強や趣味、恋愛において、最速で成果を出すための指導をしています。

そしてこの本には、NECで最速の成果を出すことにつながった「時間管理」「生活習慣」「勤務態度」「メンタル」「対人関係」「動機づけ」のメソッドを凝縮しました。

なぜ成果が出ないのか。「やるべき仕事」に集中できていないから。
なぜやるべき仕事に集中できないのか。余計なことに時間と労力を取られているから。
なぜ、余計なことに時間と労力を取られるのか……。
そんな悪いスパイラルから抜け出したい、仕事を一気に立て直したい、と思っている
あなたにこの本を贈ります。

今日やれることをやり切る＝自己肯定感が高まる＝最速で成果が出る。

やるべきことをやり切るほど、やりたいことにどんどん手が届く。
その喜びを思い出してください。
そしてあなたの見えない敵に打ち勝ってください。

CONTENTS

実行の鬼

時間管理　CHAPTER1

生活習慣 CHAPTER2

勤務態度 CHAPTER3

メンタル CHAPTER4

対人関係 CHAPTER5

動機づけ CHAPTER6

実行力を高める基本

1
時間管理
自分の時間を効果的に使うこと。

2
生活習慣
心と身体の健康を維持すること。

3
勤務態度
職場の働き方を安定させること。

4
メンタル
怒りやストレスに対処すること。

5
対人関係
他者との関係を円滑に保つこと。

6
動機づけ
欲求を満たし幸福感を得ること。

The Devil in Time Management

自由であり続けるために、
自分の自由を奪え。

時間割に淡々と従う

まずは朝起きる時間から、寝る時間までのことを決めます。そしてそれらの行動を、なるべく細かくノートに書きつけます。**あとはただその時間割どおりに動くだけです。**最初はなにも変わらないように思います。だんだん「やっても無意味だ」という疑いや、怠けよう、今日はやめておこう、といった気持ちも出てきます。でもその気持ちと何度も戦って、淡々とやる。そして、こんなことを続けたってずっと変わるはずないって思う。そんな頃、ようやく前とは少し違う自分を発見できるはずです。あとはその繰り返し。こうして少しずつ私の意志は強くなりました。

急ぎの場合は締切を聞く

「なるべく早くお願いしたい」と頼まれて、「なるべく早くやります」と応じる。そして「なるべく早くやろう」と心の中で決意する。そうすると私の場合はなかなかやりません。**決意したことは覚えていても、決意の真剣さはすぐに忘れるからです。**だから相手が急いでいる時ほど、「いつまでに必要ですか？」と締切を聞き、その日時をメモした上で、「いつまでにできるか、確認してまたお知らせします」と伝えます。その方が自分をしっかり追い込むことができます。

3分で処理できないことはタスク化する

仕事の対応の早さと漏れの少なさ。いずれも「その場ですぐに解決するかしないか」で決まります。仕事を頼まれたら考える時間は10秒です。**そして3分以内で処理できると判断したらその場でやる。**3分では無理だと判断したらタスク化してメモに残して一旦忘れる。そして次の日の朝、そのタスクを細分化して、それぞれ「いつやるか」を決めてその日の時間割に入れる。そう決めておけば、急に仕事がふってきても苦い感情は生まれません。

仕事は背負えるだけ背負う

仕事が忙しすぎてつらい。もっと余裕がほしい。それはないものねだりだと私は思います。**私は「忙しすぎる状態」くらいが幸せです。**余裕でやることが片付いてしまったら、急に自分が無価値な人間になったように感じます。自己肯定感が下がるのです。幼い子供は余計なお手伝いをしようとします。活躍したいからです。私も同じです。私にできる仕事なら、喜んで追い込まれたいと思います。

タイマーをセットして機械的に働く

全力でがんばらなきゃと焦っても、頭と身体は全力で働けません。現状はどうなっているのか。いつまでに、どうなればいいのか。そのためになにをすればいいのか＝タスク。**タスクを一つひとつ見つけるたびに心が落ち着きます。**そのタスクを順番に並べて、時間割に書き込んだら、仕事は半分片付いたようなもの。あとはタイマーをセットして、頭を空っぽにして、時間内に、激しく機械的に働くだけ。

時間は「ある」と思うと現れる

ある時、忙しいというのは「気忙しい」のだと知りました。ただ気が散らかっているだけ。**「忙しくてできない」と思っている時は、単に「やらないから時間を作らない」だけ。**「旅行に行く暇がない」のは、旅行の計画を立てないからその時間がない。「読書をする時間がない」のは、本を読まないからその時間がない。本当です。騙されたと思って、やってみてください。時間はこじ開けられます。他のことは意外とどうにでもなる。

メッセージが4往復したら直接話す

会わなくても仕事はできますし、たいていの用件はチャットかメールで済みます。**でも話が４往復しても結論が出なかったら、音声通話で話すか、ミーティングの日時を設定した方がいいと思います。**こじれそうな話のほとんどは、「印象」で解決できるからです。「言葉の意味」から受ける印象はたった７％。それに対して聞こえるもの（声のトーンや大きさ）が38％、見えるもの（外見）が55％だと言います。どれだけ言葉を尽くそうと、誠実な態度に勝るものはないのです。

期限は３割前倒しする

締切が決まったら、自分の期限は３割前倒ししましょう。つまり締切が１週間後の時は５日後、１ヵ月の時は20日後が「私の締切」です。締切を早めることによって、もちろん忙しくなりますが、それは単純に忙しさを先取りしているだけ。あとに余裕を残すのです。仕事は追われるよりも、こちらが追う立場でいたい。

3秒答えが出なかったらもう考えない

3秒考えても答えが出ない時は、考えることは後回しにします。そういう時は「〇〇について調べる」または「〇〇さんに聞く」あるいは「〇〇について考える（話し合う）」というタスクにしておいて、予定に入れます。もしタスク化する価値もないことならその場で忘れます。**その都度考えてしまう癖をやめるだけで、一日がけっこう長くなりますよ。**

終わったら
すぐ切り替える

一つのタスクが終わるたびに、いったん落ち着きたくなるものです。**でもタスクは終え方が肝心なんです。**終えると同時にすぐ次のタスクに切り替えられるかどうか。そのスピードによって、こなせる仕事量が決まります。だからタスクのメモは手元から離しません。1分ぼーっとするくらいなら、1分早く仕事を終わらせて帰り道にぼーっとしませんか。

スタート位置を前にする

普通の人は朝9時から仕事をはじめますが、スターバックスのハワード・シュルツ、Amazonのジェフ・ベゾス、ツイッター創業者のジャック・ドーシーなどの偉人は、**朝9時までに仕事の大半を終わらせてしまうようです。**私も彼らのマネをして朝6時から仕事をはじめています。その時間だとメールを送ってもほとんど返信がきません。だから仕事を先に進められます。レースでいうなら、スタート位置が前という感じです。

「連絡」を仕事の時間にしない

電話はなるべく歩いて移動中の時にかけます。メールはなるべく信号で立ち止まっている時にチェックします。その他の連絡は、基本的に「連絡をする」と予定した時間帯にまとめておこないます。優先度の低そうな電話や通知は無視します。声をかけられたら「メールでお願いします」とお願いします。**なぜなら連絡する以外の時間は「私の仕事」を進める時間だからです。**

間に合わない時はタスクを見直す

締切に間に合わない。どうにかしなきゃ。**きっとどうにかなります**。今までの経験によって、仕事には思い込みがあるからです。省略できるタスクはないか。他の人にお願いできないか。同時にできる方法はないか。もっと簡単にできる方法はないか。先入観をいったん捨てて、頭から考え直せば、必ず答えは見つかります。

ピークを外して行動する

朝のラッシュ時に電車に乗る。ランチの時間にランチを食べに行く。年末に忘年会をする。これらの行動は同じ心理から生まれます。「みんなと一緒なら間違いない」。その安心感のかわりに時間と体力を消耗します。もちろん会社や家族の都合もあるでしょう。それでも集中する時はなるべく外しましょう。**目的を考えたら海の日には山に行くべきだし、忘年会は11月にやるべきなのです。**

選択肢を増やしておく

相手が取引先、上司、同僚、誰であっても、こちらの主導権だけは守ります。**主導権を守るというのは、「選択肢をできるだけ増やしておく」ということです。**約束の１時間前に到着する。締切の１日前に提出する。他に頼れる会社を探しておく。予算に余裕を残しておく。別の方法も考えておく。そんな風になにが起きても対処できるようにしておけば、世間の都合に振り回されなくなります。

即答しない

急な頼み事でもすぐに「了解しました」と請け負えば相手に喜ばれるでしょう。でも想定外の予定は次々となだれ込みます。**その分働けるならいいのですが、その分仕事は遅れるものです。**だから私はいい顔をしたい気持ちをぐっと抑えて、「一旦、スケジュールを確認させてください」と伝えて、返事を保留します。そして冷静に考えた上で「いつまでならできます」と答えるようにしています。

自分のタイミングに合わせてもらう

相手のタイミングに合わせると、こちらの集中力が途切れてしまいます。集中力はとても貴重なものです。だから「ちょっといいですか」と声をかけられても、「はいなんでしょうか」とは答えず「○分後にお願いできますか」という風に答えます。「来週空いている日がありますか」と聞かれても、「いつでも空いてます」とは答えず「○日の○時～○時までなら空いています」という風に答えます。**自分の予定は安売りしません。**

力を抜けるところは抜く

「全力を尽くします」とは口では簡単に言えます。でも「全力」という言葉はあいまいだし、現実的に全力を出し続けることはできません。リオネル・メッシは試合中、全力疾走するのはたった5%、軽く走るのが10%で、残り85%は歩いていると言います。**力を抜ける時に抜いている。**だからこそここぞという時に力を発揮し、最高の結果を残せているのだと学びました。

ボールはなるべく早くパスする

「あの件どうなっていますか？」「いつになったらできますか？」というのは自己肯定感が下がる言葉。案件という「ボール」を抱えたままだと、どうしてもそんな言葉を受け取ることになります。だからボールはすぐにパスします。「確認をお願いします」でも「明日連絡をください」でもいいのでとにかく相手にパスします。**ボールは止めさえしなければ、手元で爆発することはありません。**

空き時間にやることを決める

予定が突然キャンセルになり、時間がぽっかりと空く。そうすると私たちは戸惑い、どうでもいいことをはじめてしまいがちです。**だから定期的に「時間が空いた時にやることリスト」を追加しておきましょう。**恩人に連絡をする。分厚い資料を読む。名刺を整理する。キーボードのゴミを取り除く。母の日のプレゼントを考える……など。考えればやることは無限にあります。暇な時なんてありません！

予定の限界に挑んでみる

私は一日に最高で45件の予定を入れたことがあります。朝9時から夜24時まで、20分刻みに人と会いました。トイレも食事も1分以内に済ませました。なぜそんなことをしたかというと、予定の限界を知りたかったからです。**一度限界を体験しておくと一瞬で頭を切り替えるコツを学びます。**言葉数が減ります。短い雑談と笑顔、要点を伝えるだけで、話がまとまることを知ります。相手の反応もあまり気にならなくなるのです。

予定はタスクにバラしてメモに書く

スケジュール帳に予定を記入すると安心してしまいがちです。でも「○月○日にイベント」と書いても管理したことにはなっていません。**どんな予定でも最低5個のタスクは発生するもの。**いつ会場を押さえるか。いつ周知の連絡をするか。いつリマインドをするか。いつお礼メールをするかなど、すべてのタスクを「メモ帳」に書きましょう。1ヵ所に書いておけば「そこさえ見ればいい」という安心感が生まれて、行動的になります。

20秒以内に戻れるかが勝負

業務中に新たにタスクが発生することがあります。それに対しては「20秒以内に元のタスクに戻れるかどうか」で判断します。戻れそうなら処理するし、戻れなさそうならタスク化してメモに残します。**20秒以上違うことに取り組むと、直前にやろうとしていたことを忘れてしまうからです。**岸を見ながら泳がないと、戻れなくなるのです。

一日一つ「必ず挑むこと」を決める

目の前のできることを積み重ねていく。それは大事なことです。**でもそれ以上に大事なことは、一日一つ「今日必ず挑むこと」を決めて、それを実行することです。**それは目的のために必要なことです。そして少し勇気のいることです。あるいは面倒なことかもしれません。でもそれをやり遂げるたびに、未来に対して前向きになります。

会議は目的のために行う

会議に必要なものは「話し合う項目」「それぞれの目的」「意思決定のための材料」です。そして「やる」と決まったら、タスク化して、それぞれ担当する人を決める。それから出席者全員に同報し、不足しているタスクがないかを確認します。以上が会議です。みんなから時間を徴収する場ではなく、みんなの時間を効率良く使うための場ですよね。

断る練習をしておく

「自己管理」と「断り」は切っても切り離せません。とっさに誘いを断ることができないために、とっさにオーケーしてしまう。私はこの失敗を繰り返していました。だからこのセリフを無理なく言えるよう一生懸命に練習したのです。**「今ちょっと入りそうな予定があるので確認しますね」**。このセリフがすぐ出るようになったおかげでうまく断れるようになったし、気安く頼まれることが減りました。

同時進行できることを増やす

同時に動かせること、できることはたくさんあります。仕事だけではありません。公園を走りながらオーディオブックを聴けます。筋トレをしながらニュースを見られます。食事を摂りながら資料を読めます。髪を切ってもらいながら仮眠を取れます。タクシーで移動しながら会議ができます。**時間は平等に与えられているから、使い方で少しずつ差をつけていきましょう。**

マルチとシングルを使い分ける

頭を使わない仕事はなるべくマルチタスクで。データをダウンロードしながら経費精算をしながらデスクの上をきれいにできます。**ユーチューブを見ながらペットのお世話をしながら足でうどんをこねることもできます。**でも頭を使う仕事はなるべくシングルタスクで。スマホはもちろん、注意を引くものはすべて身の回りから撤去します。一度なにかに気を取られると、深く集中していた状態に戻るまで相当な時間がかかるからです。

メールは古いものから消していく

メールもメッセージも書類も同様に、すべて古いものから順にチェックします。新しいものから順に手をつけていくと、「新着」が優先順位の上にきて、前の用件を忘れてしまいがちだからです。処理が済んだものから捨てていきます。そしてできれば今日のうちにすべて無くしてしまいたい。**明日は新しい日であって、昨日の続きにはしたくないのです。**

時間管理をする理由

なぜ時間管理をするのでしょうか。それは「やるべき仕事」をなるべく早く終わらせて、新しい事業を考えたり、将来に向けて準備をしたり、会いたい人と会ったり、**「自分にとって大切なこと」に使う時間を増やすためです。**家族と過ごしたり、自然と触れ合ったり、体調を整えたりするのもいいでしょう。それが私たちの人生です。仕事をこなすことを目的にしてはいけません。

時間管理の基本

1
目標と締切

目標(どうなればいいか)を設定する。
締切を決めて、スケジュール表に記入する。

2
優先順位

やるべきタスクに優先順位をつける。
重要なタスクや締切の迫ったものを優先する。

3
時間のブロック化

似たようなタスクをまとめて、
特定の時間帯にまとめて取り組む。

CHAPTER2

生活習慣

Lifestyle Demons

行動は激しく、
心の中は静かに。

スマホを出さずに目を閉じる

病院の待合室、カフェ、駅のホーム……やることがなくなれば、そのまま目を閉じて呼吸に集中します。スマホは取り出しません。すぐにスマホを取り出していた頃もあります。その頃の私は他人から**「なにもやることのない役立たず」「社会と関われない一人ぼっち」だと思われるんじゃないかと心のどこかで恐れていました。**今では「なにもしない」時間を楽しみます。音を聞き、気配を感じます。みんなそれぞれの孤独を楽しんでいると信じて。

靴を磨き終わるまでが仕事

私は仕事のオンとオフをうまく切り替えられない人間でした。**そこで手入れが必要な「上質な革の靴」を買いました。**家に帰ってきた時に靴を磨くためです。どれだけ仕事の興奮が残っていても、下駄箱から布とブラシ、クリーナーとオイルを取り出して、靴を丁寧に磨いていると、だんだん心が落ち着いていきます。どれだけ疲れていても靴がピカピカになるまで、家に上がらない。そう決めたら、寝る前に仕事のことで悩まなくなりました。

洋服はたたまない

洋服はもうたたむ必要はないかもしれません。**洗濯をして乾いたら、そのままハンガーにかけるようにしています。**私の洋服はどれも広げて着る服だし、たたむと「望まない折り目」がついてしまうからです。もちろんたためばより多くの洋服を収納できます。でも多くの服を収納することができたら、「ずっと着ていない洋服」のことが気になってしまいます。クローゼットには「いつも着る洋服」だけをハンガーにかけましょう。

服装は21パターン決めておく

私は囚人ではありません。だからさすがに毎日同じ服を着ているわけではありません。ただ服選びに悩む時間はもったいないと思っています。だから仕事着はスーツかジャケットと決めています。普段着はTシャツと上着の組み合わせです。**それを夏、冬、春と秋の3種類。週7日間分。合計21パターン、あらかじめなにを着るかを決めてあります。**流行は追いません。でも生地が古くなったら買い替えます。

朝の準備は前の晩に済ませる

明日着ていく服、持っていく物、朝食の材料や皿などは前日の夜に用意します。**なぜなら一日のうち「朝」は私たちの脳が最も明晰に働く時間帯だからです。**そんな貴重な時間帯を、服選びやゴミの選別などに費やすわけにはいきませんよね。１秒でも早く仕事をはじめましょう。現在直面している最も重要な課題と向き合いましょう。走れるところまで走り切るのです。

大きな鏡で自分を見つめる

鏡をよく見るようにしています。家の中で一番大きな鏡です。**じっと観察していると、自分のかっこ悪いところや、改善すべきところ、隠れた良いところなどを見つけることができます。**私自身が教えてくれる感じです。実際に成功している人、思いやりのある人、魅力的な人ほど、よく鏡を見て、よく観察するようですよ。もう一人の自分と会話をしてみましょう。

一つ増えたら一つ捨てる

資料がない、ハンカチがない、おたまがない……私たちはよく物をなくします。**人が探し物に費やす時間を合計すると一生で約150日間分だそうです。**探しにくいということは、必要以上の物が家に存在するのかもしれません。私は家に物が一つ増えたら一つ減らすと決めています。本が一冊増えたら一冊減らす。洋服が一着増えたら一着減らす。キッチン道具が一つ増えたら一つ減らす。人にあげる時もあれば、捨てる時もあります。迷った時はそれがないと困る理由を考えます。10秒経っても思いつかなければ処分です。

物の価値より スペースの価値

いつか使うかもしれない物を捨てるなんてもったいない、という気持ちはわかります。でも「スペースを増やすため」と思うと少し見方が変わりませんか。部屋を借りる時はより広いスペースを求めたはずです。そのために少し高い家賃を覚悟したこともあります。**そうやって確保したスペースは、物のためではなく、なるべく自分のために使いたいですよね。**次に引っ越しをする時には処分するであろう物は、今勇気を出して処分しましょう。

物の定位置を決める

「カバンの中」と「自分の心の中」はほとんど同じ状態だと言われます。また「収入」と「見えている床面積の広さ」は比例するとも言われます。私は心を整えたいし、できれば収入も増やしたいので、その言葉を信じ整理するようにしています。整理というのは、「物を定位置に戻すこと」と「物の向きを揃えること」だと思ってます。その習慣が、すべての活動の起点です。

平日は給食のように食べる

平日は「仕事のため」に食事をします。朝は卵やウインナーやチーズ。お昼はサラダか野菜スープ。炭水化物を避けるのは、午後眠くなるのを避けるためです。そのかわり夕食は制限しません。ただし宅配の食材キットを使います。毎日栄養バランスを考えて献立を決める時間、スーパーに買いに行く労力、具材を余らせる心配などが無駄に思えるからです。**私にとっては「給食」がベストなのです。**

ダラけない模様替えをする

部屋でダラダラしてしまうのは、環境の力でもあります。私はソファを手放しました。**ソファが柔らかいほど、意志も柔らかくなるからです。**テレビのコンセントを抜きました。テレビを簡単につけられると、思考が簡単にオフになるからです。スマホは自分を誘導するために使います。寝る前にベランダのそばに置いておくと、起きると同時にスマホを確認したくなりベッドからすぐに出ます。

暇さえあれば水を飲む

私は暇さえあればお水を飲んでいます。なぜならお水を飲めば、身体の内部が熱を持って代謝がアップしますし、血液が筋肉に送られて筋肉量も増えるからです。また基礎代謝量が増えて体型が引き締まりますし、老廃物が排出されて血液が流れやすくなりますし、脳や内臓の機能が高まりますし、肌の中の細胞にある老廃物や毒素までも排出されシミ、シワ、クスミも防げます。**お水以上にすぐれた健康飲料を私は知りません。**

「スマホは時限爆弾」だとイメージする

「思いどおりにスマホを扱う」のは難しいことです。シリコンバレーのエリートたちが人の意識を支配するため手を尽くしているわけですから、個人の意志などかなうはずもありません。だから私は自分のスマホであっても「私は自由に使えない」と考えています。**スマホに触る前には「使用目的」を自分に伝えて自分から許可を取ります。**アプリの数は1画面分まで。SNSやニュースを見る時はタイマーをセット。使い方を一つ間違えたら命を落とすというイメージで。

新しい言葉を食べ続ける

その人が考えていることが、その人自身を作っていると言われます。だからこそ言葉を吸収することはとても大事。脳は言葉を食べて成長するのです。その言葉の畑にあたるのが本です。**動物は先入観だけで動きますが、人間は本の力によってその先入観を壊すことができるのです。**今日一つ先入観を壊すことで、明日は新しい自分になれるかもしれません。

習慣は是が非でもワンタッチする

運動、読書、勉強など良い習慣を続けていても、急な仕事や家の用事、病気などにより挫折してしまうのはわかります。それはきっと「0か100か」で考えているからでしょう。どれだけ大変な時でも服は着れるし、歯は磨けるし、手は洗えるはずです。**だからもしやる時間が取れないなら「1回」でも「1ページ」でも「1分」でもいいのでやればいい。**ワンタッチさえすれば明日も続いてくれます。

まだ足りないくらいでやめる

食べ足りない、話し足りない、読み足りない、遊び足りない。**そんな風に、私はどんなことでも完全に満たされてしまうより、ちょっと「足りない」くらいの方が好きです。**その行為に対して「またやりたい」「まだできるかも」という気持ちを持続できるからです。ワクワクする気持ちと言い換えてもいいかもしれません。まだ足りないくらいでやめておく。それは健康状態や、人間関係を良好に保つためのコツでもあります。

朝は白湯を飲む

うつっぽい、元気が出ない、身体がだるい。朝はきっと誰でもそういうものですよね。よかったらお湯を沸かして白湯を飲んでみませんか。ちびちび飲んでいるうちに、まるで内側からお風呂に入っているようにリラックスしていきます。胃腸が活発に動いて便通が良くなりますし、内臓が温まって血流も良くなりますし、副交感神経の低下も防ぎ、起き抜けの不愉快さも抜ける感じ。朝の時間が少しだけ快適になりますよ。

知識や情報には なるべく対価を払う

いろんな考え方があると思いますが、私は知識や情報にはなるべくお金を出すべきだと考えています。**無料で得られる情報の多くは希少価値がありませんし、無駄な知識や購買意欲や不安などをセットで押し付けられてしまうからです。**対価を支払って得た知識や情報はその心配が少ないです。また「元を取ろう」という意識が働くので、実生活で役に立つことが多いです。

家事はその都度やる

家事はその都度やります。ためない方が楽で幸せだからです。私は居間と寝室と脱衣所の3ヵ所に、ハンディクリーナーを置いています。洗濯機はタイマーをセットして、朝晩1回ずつ回すようにしています。食事をする前にはシンクを掃除しておきます。下駄箱に文房具とゴミ箱を置いて、郵便物は玄関で処理するようにしています。**すべては明日の私が楽で幸せになるためです。**毎日、昨日の自分に感謝しています。

「固定費」を疑う

今月余った分を貯めても、お金は貯まってくれません。お金を貯めるためにはまず、家賃、スマホ代、水道光熱費、サブスク代、駐車場代、保険代などの毎月の固定費を合計。**そして「収入」から「貯金額（あるいは投資額）」と「毎月の固定費」を引いて、残ったお金でやりくりするしかありません。**それが現実。だから毎月、一つひとつの固定費と、その値段分の幸せを得ているかどうかを確認します。高いかなと感じたら、やめるか、下げるかです。

新しい習慣は「なにかのついで」にする

生き物は本来、楽な方に流されていくもの。新しい習慣がなかなか定着しないのは当然です。だから新しいことを始める時には、**「新しいこと」だということを自分に意識させないように気をつけます。**以前からの習慣の「ついで」にするのです。シャワーのついでにお風呂掃除をしたり、カーテンを開けるついでに体操をしたりするなどして。私は上手に笑うことができないので、歯磨きの合間に笑顔の練習をしています。

休日の予定は1年先まで予約する

休みの日は「私を回復させる日」です。でも予定もなくダラダラするとむしろ疲れたりします。**だから休みの日の予定は、「一年くらい前の私」にあらかじめ決めてもらいます。**つまりジム、歯医者、美容院、整体、旅行、美術館、ライブ……などをずっと先まで予約しておくのです。予約によって私から自由を奪っておくと、休みの日にも達成感があります。夕方まで寝てしまってくよくよすることはありません。

自分には選択権がない

「私はいつでも自由にできる」と思っていると、かえってつらいと思います。**過去の自分から選択権を奪われた以上、もう今の自分には選択権がないんです。**ダイエットをしている人は「今日くらい間食してもいいか」と自分に許す権利がない。早起きをすると決めた人は「もう少し布団に入っていてもいい」と自分に許す権利がない。無い権利を行使してしまうと、自分で自分を罰することになります。

意志よりも「環境」を固める

決意するのは簡単ですが、決意し続けるのは大変なことです。だから「今日家に帰ったら筋トレをしよう」と思ったら、玄関にスマートスピーカーとトレーニングウエアとダンベルと腹筋ローラーとプロテインを並べてから出かけます。家に帰ってきたらそのままワークアウト音楽をかけて、着替えて、トレーニングをして、たんぱく質を摂取するためです。**意志は弱いですが、環境は強いものです。**

コンビニを冷蔵庫がわりにする

近所にスーパーかコンビニがあるならば、家の冷蔵庫はいらないと思います。**私はスーパとコンビニを「自分用の大きな冷蔵庫」だととらえています。**そして必要な物がある時に、必要な分だけ買いにいきます。常備を許しているのは、調味料とお水のペットボトルだけ。おかげで余計に食べなくて済みますし、食べ物を腐らせる心配もありません。

「いつもの持ち物」を減らす

いざという時ないと困るかもしれない。そういう思考で生きていると荷物がどんどん増えていきます。きっとなくても困らない。**財布になんでもかんでも詰め込まなくても、キャッシュカードとクレジットカードと運転免許証があればきっと大丈夫。**バッグになんでもかんでも詰め込まなくても、スマホとハンカチと家の鍵があればきっと大丈夫。荷物を軽くするほど思考も身軽になっていきますよね。

覚えるべきことは ただ眺める

私は覚えることが苦手でした。でも中学生の時、地理の先生から「寝る前に5分間、ただ眺めればなんでも覚えられる」と教えられたのでやってみました。壁に日本地図を貼って5分間、頭を空っぽにしてただ眺めるのです。**するとただ眺めているだけなのにすぐに覚えました。**元素記号や歴史年表も同様に覚えられました。今でもプレゼンやスピーチの内容など、頭に入れておかなければいけないことは寝る前に5分間、ただ眺めるようにしてます。

できることだけを粛々とやる

私たちは心配します。仕事、健康、お金、家族、将来、人間関係など……心配事はいろいろです。一つ解決すれば、また別の心配事が現れます。完璧な状態なんてありません。できることは、かたっぱしから改善計画を立てること。タスク化すること。そして実行することです。**でも自分の管理下にないことを、心配してはいけません**。自分にできることだけを考えて、それを粛々とやるだけです。

専門的なことは専門家にまかせる

お金がもったいないから。自分にもできそうだから。お願いするのは悪いから。と、なんでも自分でやろうとするのは良い心がけです。**でもお金や見栄や体裁よりも、自分の時間の方が貴重です。**もしその道をきわめようと思わないのならば、専門でやっている人にお願いしましょう。そして自分は一刻も早く、自分が「今できること」に取り掛かるべきだと思っています。

体力のキャッシュフローを確かめる

すべてに全力を注ぐことはできません。今月はどんなことに体力を使ったか。どんなことに体力を使わなかったか。そして最後は手元にどれくらい残っているか。**前月分のスケジュールを見返して、「体力のキャッシュフロー」を確かめます。**そして来月の力の入れどころ、抜きどころを決めておけば、大事なポイントでリスクを負う（無茶をする）ことができます。

生活習慣の基本

1
生活リズム

起床、就寝、食事、運動をできるだけ
同じ時間におこなう。

2
シンプルな整理整頓

不要な物を減らす。物の配置を工夫する。
使ったら元に戻す。

3
食事と運動

栄養バランスをとる。
ウォーキングやストレッチをする。

CHAPTER3

勤務態度

The Devil of Work Attitude

今日もまた、
初出勤の気持ちでのぞむ。

1分間マネジメント

私は早く成長したかった。だから仕事が終わり次第、自分の電話番号に電話をかけることにしました。**留守番電話に向かって「本日の活動」を報告するためです。**時計を見ながら、大きな声で、1分間ぴったり話します。そしてすぐに保存されたメッセージを聞き直します。そうすると、自分に足りない点に気づきます。声をもっと明るくしようと反省します。自分の説明が下手であることに気づきます。恥ずかしかったのは最初だけ。毎回課題が見つかるので、すぐに電話をかけることが楽しみになりました。

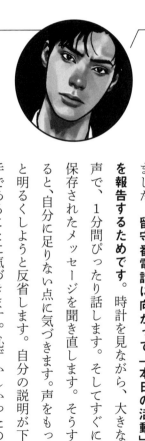

優先順位をリスペクトする

なかなか仕事が進まない。あるいは片付かない。それはもしかしたら優先順位がわかっていないか、**現在の優先順位に対するリスペクトが足らないからかもしれません。**心の底からリスペクトするために、私は「朝、自分が一番いい状態の時」に優先順位を決めています。濃いコーヒーを飲みながら一気にです。その間スマホは見ないし、メール処理もしないし、コーヒーにミルクも足しません。だからいつも優先順位をリスペクトできるのです。

集中できる場所を使う

集中したい時は環境の力を借ります。特にこういう場所が集中できます。①窓の近くなど自然光が差す場所。目が覚めて頭が冴えます。②静かで落ち着いた空間。騒音や雑音がある時はノイズキャンセリングイヤホンを使用。③整理されたスペース。不要なものをどけて必要なものだけを手元に置きます。④快適な温度が保たれた場所。暑さや寒さは我慢はできても集中力を下げます。⑤リラックスできる場所。いつもの見慣れた場所だと他のことが気になりません。

デスクの上は毎日空っぽにする

デスクは神聖な場所だと思うことにしています。ですから毎日仕事を終えたら「今日が最終出勤日だ」というイメージを持ってデスクの上を片付けています。デスクの上にはなにも残さず、あれば捨てるか、バッグにしまうかします。片付け終えたら、ウェットティッシュを使って丁寧に磨きます。今日も仕事ができたことに感謝をしながら磨きます。磨き終えたら両手を合わせ「お疲れ様でした」とお辞儀をしてデスクを離れます。

ダラけた時はスリルを味わう

仕事中に「緊張の糸が切れているな」と感じる時があります。そういう時は背筋を伸ばし、両足を床につけます。あるいは血流を上げるために身体を前後左右に倒します。コーヒーを飲みます。外気を浴びます。冷たい水で顔を洗います。**それでもダメなら、デスクの下で少しだけズボンを脱いでみましょう。**一気に緊張感があふれて眠気も覚めるはずです。非日常的なスリルが心に火をつけます。

トリガーを利用する

特定の行動や反応を引き起こすもの＝トリガー。水を飲むのは「喉が乾く」というトリガーがあるからです。このトリガーを利用します。明日出社したら確認したいからパソコンにその書類を貼り付けて退社する。週末に読みたいから週末にその本が届くように注文する。参加状況に合わせて準備をそろえるので、前日に出欠をまとめてメールをくれるようにお願いする。

このようにやろうと決めたら忘れないうちに「それをやることに気づくきっかけ」も作っておきます。

休憩時間は回復にあてる

休憩時間にはお水を飲んでください。お水は脳の活性化をうながします。**「知的労働に入る前に500ccの水を飲む」と作業効率が上がる**と大学の実験でも証明されています。また昼食の後、可能ならば15分間の仮眠をとります。またはタオルを濡れ顔にあて目をとじます。それだけで副交感神経系が優位になり集中力が上がります。できれば身体も動かします。少し息があがる程度の運動は、全身に血液をめぐらせて脳の機能を向上させます。

誰よりも早く着席する

私は「約束時間に間に合うこと」をめざしません。**いつでも一番乗りをめざします。**会議のテーブルには一番早く着きます。オンライン会議には一番早く入室します。飛行機は一番早く搭乗ゲートの前に行きます。そうすれば、不測の事態が起きても対応できるからです。誰もこない待ち時間はメールの返信、書類の作成、アイディア出し、あるいは「待ち時間にやるタスク」をリストの上から順番に処理します。それは私の大好きな時間です。

二次会は断る

人とのコミュニケーションを深める上で、食事会や飲み会に参加することは効果的だと思います。でも二次会の誘いは断ります。余計なお金がかかるだけでなく、飲み過ぎを招き、記憶もあいまいになりがちだからです。睡眠の質も悪くなり、翌日のパフォーマンスも落ちます。**貴重なお金と時間と健康を、ただ失う感じがします。**もし関係を深めたい人がいる場合は後日に1対1で会う約束をします。

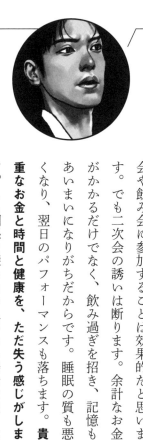

朝で勝負を決める

プレゼンの日や契約の日などの「勝負の日」は、朝起きてすぐ出発の準備に取り掛かります。ベランダに出て日光を3分ほど浴びてから、カフェイン錠を飲み筋トレをふだんの倍の回数した後、熱いシャワーと冷たいシャワーを交互に浴びて細胞を目覚めさせ、裸のまま鏡の前に立って満面の笑顔を作って「今日もやるぞ」と自分をはげまして、前日に用意したゆで卵とバナナと全粒粉パンを30回咀嚼して、パワーソングをでたらめに歌いながらスーツを着たら出発。今回もいける気がします。

自分の仕事は マニュアル化する

仕事は放っておくと属人化します。つまり「その業務は自分にしかできない」状態になることです。そうなってしまわぬよう、**自分の業務あるいは成功例は誰でも真似できるように、マニュアル化するようにしています。**そうすれば再現しやすくなるし、その仕事を他の人にお願いすることもできます。仕事はそのようにして広げています。頑なに自分の仕事を守っていると、いつかご迷惑をかけてしまいそうなので、私はそうしています。

毎日デスクトップを大掃除する

パソコンの状態は、頭の中の状態と連動するもの。デスクトップが散らかると、頭の中も散らかって、仕事が遅くなります。**デスクトップはファイルを「放置」する場所ではないと思っています。**だから仕事が終わったらただちにデスクトップにあるフォルダ、ドキュメント、画像・動画ファイル、アプリケーションなどを片付けるかゴミ箱に入れるかして、デスクトップの上を美しくまっさらにします。明日が仕事初めでもいいくらい清々しい気分になります。

エネルギーを節約する

営業の世界では、成果を出している人ほど考え方が経済的です。特に無駄な時間と行動をとても嫌います。一日に使える資源には限りあるからです。大きな声は出しません。長い返信はしません。会議を長引かせません。商談の後に雑談をしません。人の噂話に首を突っ込みません。意見が食い違っても戦いません。そのかわり周囲が疲れていても、黙々と最後までやり抜くべく努めるのです。

「集中」と「対応」を分ける

仕事の時間は「集中」と「対応」を分けるようにしています。集中しながら対応するのは難しく、対応すると集中できなくなるからです。**「集中の時間」はすべての通知や雑音を遮断する。反対に「対応の時間」は連絡とコミュニケーションに徹する。**すると仕事が効率良く片付きます。もし可能なら、出社する日は、集中力を要する自分の仕事は一切しない。部下からの相談や打ち合わせ、雑談などをする「対応の日」にしたいです。

ずる賢い人には近づかない

親切そうだけど、まず自分の利益を優先する。謙遜しているけど、手柄を自分のものにしようとする。欲がなさそうだけど、評価や肩書きを気にする。がんばり屋に見えるけど、面倒な仕事は誰かに押し付けようとする。**そんな本性が少しでも見えたら、その人とは距離を取ります。**自分のエネルギーを守るためです。むしろ扱いにくそうな人でも、全体の利益を優先する人であれば私は好きです。

仕事の鉄則

これだけ守っていれば仕事のトラブルは減り、仕事は前に進んでいきます。①**仕事を前に進めようという意思を持つこと。**②**宿題を出し合うこと。**③**宿題に期限をつけること。**④**こまめに進捗を確認すること。**⑤**「やる」と言ったらやること。**⑥**「まかせる」と言ったら口を出さないこと。**⑦**返事はスピード重視。**何年仕事をしていても、迷ったら、結局この基本に戻ってきます。

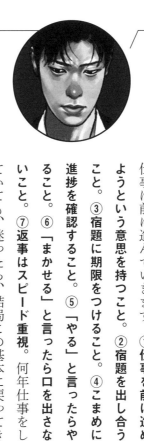

あいまいな言葉を捨てる

私は仕事では「なるべく」「できるだけ」という言葉を捨てました。できるかどうかを聞かれたら「はい」か「いいえ」で答えます。どう思うかと聞かれたら「事実」か「数字」で答えます。どれくらいかと聞かれたら「日数」か「回数」か「金額」で答えます。**気持ちは行動に、行動は作業に、作業は数字にして示すようにしているのです。**

慣れた作業こそ見直す

書類やメールの作成のように毎日頻繁におこなう作業があります。**そういう慣れた作業こそ「もっと手早くできる方法はないか」を頻繁に確かめる価値があります。**一つでも見つかれば膨大な時間を削減できます。使ったことがない機能はひと通り試します。デジタルに詳しい人には定期的に聞きます。作業が早い人がいたら他社の人でもやり方を教わります。そのやり方を知らない私と知っている私とでは、未来の進捗状況がまるで違うはずです。

あえて負荷をかける

これからはがんばらなくてもいい。好きなことだけをして生きればいい。たしかに「がんばって働くべき」というのはすでに古い価値観なのかもしれません。いずれ誰もが働かなくて済むような時代がくるかもしれない。でも私は思います。**ハードワークをしたい。つらくて苦しい仕事を乗り切ることでしか生まれない自信と連帯感があるからです。**そんなものは必要ないという人はいるかもしれないけど、私には必要です。いつまでも自信を持っていたいから。

注文は復唱する

注文を聞いたら、その場でメモに書き残し、復唱して一緒に確認をお願いする。完了したら「以上でおそろいでしょうか」と確認する。これは飲食店スタッフの基本的な動きですが、私もそのようにしています。人間が同時に記憶できる事柄は平均7個だと言われているからです。「あとでやろう」「確認しよう」と思ったら必ずモレが生じます。モレたことすら、モレてしまうかもしれません。数分後の私はまるで別人なのです。**自分の可能性は信じますが、記憶力は信じられません。**

予定と予定の間に空き時間を作る

予定と予定の間には、15分以上の空き時間を作ります。 その間、次の予定のための準備を整えるためです。目を閉じて深呼吸をする。鏡の前で身なりを整える。気になっていたメッセージに返信する。そのようにして頭がすっきりしたら、次の予定の確認とシミュレーションを行います。そしてもし次の予定に遅刻しそうなら、相手の人にごめんなさいを伝え、できることなら15分余裕を持たせた到着時間を伝えます。どうせ遅れてしまうなら、せめて落ち着いた状態で会いたいのです。

相手が動かない時は詰める

相手が忙しくて仕事が前に進まないということがあります。でも相手のせいにしてただ待っていても仕事は進みませんよね。自分に手伝えることはないか。いつになったら着手できるのか。他に決定できる人はいないか。こちらで候補を絞らせてもらえないか。進められる部分だけでも進めてもらえないか。私の場合はそうやってできることをくまなく詰めていきます。**嫌がられるかもしれませんが、それも私の仕事のためなのです。**

選択肢は３つに絞っておく

人間は選択肢が４つ以上になると、とっさに選べなくなるそうです。なので私は何事もランチメニューのように、選択肢を３つまでに絞るようにしています。今日やる作業も、使う資料も、見せる企画案も、見積もりを取る会社も。それでなんでもぱっと決められて、時間を節約することができています。不安になると選択肢を増やしたくなるものですが、選択肢を減らした方が不安は軽くなるものです。

変える時は徹底的に変える

この仕事をこのまま進めていいのだろうか。どうもうまくいく気がしない。やり方を変える必要があるんじゃないか。そう感じた時は「変えても支障がなさそうなところ」を変えたがるものです。でもたいていはうまくいきません。**たいていの問題は「最も執着していたところ」にあるからです**。どうせ変えるなら気が済むまで変えた方がいい。それは損害を伴いますが必要な損害だと思います。

自信がない時は取材をする

自分の決断に自信を持てなくなった。するとこれは単純に知識が不足しているのだと気がつきます。**そういう時は他のタスクを減らして、取材のタスクを増やせばいいと思っています。**そしてその分野についてなにを聞かれてもいいように、人や本やインターネットから情報をかき集めます。まとめます。理解します。人に話します。知識は自信です。いくらあっても困るものではありません。

緊張する人と会う

人と会うと少なからず影響を受けます。**どんな人と会うかによって仕事の成果も左右されます。**だからなるべく緊張するような人と会いましょう。一秒たりとも気を抜けない、胃がキリキリするような体験はできれば避けたいものです。でもなんの努力もせず成長させてもらえるのです。自然にこちらの能力を向上させてくれるのです。会って話せる機会があるならば逃す手はありません。

３人の上司に見てもらう

目標を決めて、逆算をして、スケジュールを決める。そして計画書を作ったら、複数の上司に確認してもらうようにしています。タスクのモレや、省けるタスク、期間の甘さなどについて、違う視点から指摘してもらえるからです。それに複数の上司の目に触れておけば、途中で計画を止められることはめったにありません。**経験上、最低３人の上司に確認しておくと、あとが楽です。**

作業量を増やす

生産性を高めるためにできることは3つです。①無駄な作業を削る。②作業時間を増やす。③単位時間あたりの作業量を増やす。このうち特に工夫の余地があるのは③です。「量質転化」とは量は質に変わっていくという私の好きな考え方。じっくり時間をかけるよりも、無心にタスクをこなすことで仕事の質は上がる。そう信じています。**圧倒的な作業量が私を裏切ったことはありません。**

仕事ができる時間にお金を出す

私は電車で1駅分（徒歩20分以内）の距離までは歩きます。もしくはタクシーに乗れば500円以上かかる距離は電車に乗ります。**それ以外はすべてタクシーで移動することにしています。**タクシーに乗れば移動中に仕事ができるからです。電話もできればパソコンも使える。考え事もできる。その分の時間をタクシー代と交換しているつもりです。たとえ経費で落とせなくてもそうします。金額以上のありがたみがあるから、もったいないと感じたことはありません。

完璧にやろうとしない

仕事は与えられた時間だけ膨張してしまいます。だから時間がきたら潔く現在のタスクの手を止めて、次のタスクにすぐに移るようにしましょう。**なかなか移れない時は「完璧にやろうとしないこと」です。**明日のことまで悩まないでください。明日のことは明日の自分が悩むでしょう。一日に引き受ける苦しさは、その日の分だけで十分じゃないでしょうか。明日のためにとっておきましょう。

勤務態度の基本

1
デスクの整理

不要なものは片付ける。
使用頻度の高いものを手の届く場所に置く。

2
作業と休憩

90分作業したら少し休む。
予定と予定の間は15分間あける。

3
タスク化

すぐにできないことはタスク化する。
締切を聞く。手に余る仕事は断る。

CHAPTER4
メンタル

The Demon of Mental Management

自分を否定する暇がないほど、
自分を肯定し続ける。

時間を決めて落ち込む

落ち込んで動きたくない。そんな時もあります。それも人生に必要な授業だと思っています。ただ授業には始まりと終わりがあるので、私の場合はチャイムのかわりにタイマーを使います。10分後にセットします。ノートに怒りの言葉を書きます。枕に向かってわめきます。全身を使って怒りを表現します。人にはとても見せられない姿です。**そしてアラームが鳴ったらお祭りは終了**。延長はしません。

おかしい時は反省しない

うまくいかない時は反省します。でもずっとずっと自分を責めているような時は、「自分は正常な状態じゃないかも」と疑い、一旦反省をストップします。そして週末になるまで待って、気が済むまで眠ったり、外に出て太陽を浴びたり、食べたいものを食べたりします。それでも心が晴れない時は、**つらくて涙が出るほど腕立て伏せをします**。反省するのはその後からでも遅くないと思います。

怒りは感謝に変える

人からきついダメ出しを受けてイライラする。イライラで頭が一杯になって目の前の作業に手がつかなくなる。これは一番悲しい状態です。心の中の罵声を一番近くで聞かされるのは自分自身だからです。（なんでそんなこと言われなきゃいけないの！）といった心のクレームは、（わざわざ指摘してくれて本当にありがたい）といった感謝に置き換えます。それも自分自身の心を守るため。**争いを避けて感謝できる人間は強い人間です。**

あえて少し傷つく行動を選ぶ

メンタルを強くする方法はたった一つ。筋肉と同じで、折れないレベルで「負荷をかける」ことです。どちらも少しずつ傷つけることで、太く強くなっていきます。**だから私は普段から少しずつ傷ついています。**あえて厳しい人から意見をもらってみたり、誰もやりたがらない仕事を引き受けてみたり、トラブルの間に入ったりします。つまり「つらそうだな」と感じることをけっこうします。強くなれるのでそうしています。

すぐやめるつもりでやる

ダイエットをしようと思ったのに食べる。約束をしたのに当日出かけたくない。誰かと一緒にいたいのに一人がいいと思い直す。**そういう矛盾が起こるのは「生命を守ろう」とがんばる遺伝子の影響だそうです。**そこで私は遺伝子をなだめるように優しく語りかけます。「すぐやめるつもりでやってみようよ」「すぐ帰るつもりで行ってみようよ」「すぐ別れるつもりで会ってみようよ」と。するとあれほど嫌だったのにいつの間にかその気になっているもの。

怒っている人の無事を祈る

怒っている人は追い込まれています。感情を抑える余裕がないのです。人の身体は怒ると血圧を上昇させます。同時に分泌されるコルチゾールというストレスホルモンによって、加齢を早め、寿命を縮めます。**だから怒っている人に対してそんなに怖がったり、萎縮することはありません。**ただ心の中で「お大事にしてください」と祈るばかりです。

緊張したら謙虚になる

緊張している時は「絶対にうまくやる」という気持ちが強いのかもしれません。程よい緊張ならいいのですが、もし緊張感が強いなら少し謙虚にいきましょう。みんなが私に期待していると思うなんて図々しいかも。**私がみんなの期待にこたえられると思うなんて図々しいかも。**どうせなるようにしかならないのだから。そう自分に言い聞かせてから本番にのぞむと、意外とうまくいくものです。

嫌なことが起きたら自分の機嫌をとる

嫌なことが起こると嫌な気持ちになりますが、「嫌な気持ちでいると嫌なことばかり起こる」という逆のことも起こります。**心は乱れていると、現実からわざわざ不愉快な情報を集めてしまうからです。**だから嫌なことが起きたら、目を閉じて深呼吸を繰り返したり、楽しい予約を入れたり、軽い運動やストレッチをしたりして、自分の機嫌をとることを優先します。気持ちが落ち着くまで自分に厳しいことは言いません。

同じストレスを我慢しない

仕事の停滞、渋滞、予定外の対応、家族の不満、ゴムの伸びたパンツ……生きていればストレスは避けることはできません。人生とは言わば「ストレスからいかに逃れるか」を競うゲームだと私は思っています。だから草食動物のつもりで生きています。最初から危険な場所に行かない。あるいは事前に察知して逃げる。もしくは戦うつもりならば戦う準備をします。**私は準備用として、エクセルに「定番トラブル」の対応表を作成しています。**

帰る前に寝る時間を決める

疲れないためにはよく眠ること。よく眠るためには早く寝ること。早く寝るには夜の過ごし方を変えることです。一日にたまったストレスは、その日のうちにお酒、ＳＮＳ、スイーツ、ゲーム、連続ドラマなどで解消したくなります。でもそれでは悪循環です。**仕事が終わったら「今日の消灯時間」を決めましょう。**その時間に間に合うように家事と食事と入浴を済ませて、お布団にすべりこむのです。

単純作業に打ち込む

心に不安がある。考えないようにしたいけど、頭から追い払うことができない。**そんな時は筋トレ、ランニング、反復練習、塗り絵、拭き掃除などの「単純作業」に打ち込みましょう。**いずれも集中力を上げることができます。集中力を上げるということは「不安が入り込む余地をなくしてしまう」ということです。

腸内環境を改善する

もし「幸福の一つ」を物質で表すとするならば「セロトニン」です。そのセロトニンの9割は腸内で作られるのだそうです。腸内環境をもっと良くしたい。そのために効果的な食べ物はヨーグルト、そして野菜、果物、イモ類などです。もし「最近幸せじゃないな」と感じているなら、神社や占い師のもとを訪れる前に、**しばらくヨーグルト、野菜、果物、イモ類を食べてみてもいいかもしれません。**

過度にはしゃがない

何事もあまりテンションを上げすぎないようにしましょう。**強い興奮の後には必ず強い反動がくるからです。**夢の国で大はしゃぎした後のことを思い出してください。帰りの電車の中で少しずつ現実に引き戻されながら考える。なんで頭に耳を装着しているんだろう。なんでこんなにおみやげを買ってしまったんだろう。明日からの仕事のことを考えると憂鬱だ。気分も気圧も血糖値も同じ。急激に上げると急激に下がりやすいのです。

自己嫌悪とは距離を置く

自己嫌悪が止まらない時ってありますよね。そういう時は一日、自分の感情を客観的に観察して過ごしましょう。周囲に思いやりの心で接しましょう。ずっと放置していたことをやりましょう。静かな場所に移動して、「自分を許すためのタスク」を考えてみましょう。**そのタスクを紙に書いたら、もう忘れてしまって今日は早く寝ましょう。**

止まれのサインを見逃さない

信号がことごとく赤、電車が行ったばかり、風邪をうつされる、小指をドアの角にぶつける。そんな小さな不運が連続する時があります。そういう時はあまり無理しても仕方がありません。**きっと神様からの「止まれ」というサインだからです。**先に進めば事故につながります。嵐が過ぎるまで、カフェで美味しいコーヒーでも飲みませんか。

心の引っかかりは毎日吐き出す

いつの間にか心が疲れている。その状態から心を回復させるには時間がかかります。心は毎日メンテナンスした方が効率的です。**仕事が終わったら「なにか心に引っかかっていることはないか」をチェックします。**あれば文字にします。仕事のこと、人間関係のこと、家族のこと、なんでもかまいません。文字にしてみてスルーできなければ、対処に向けた最初のタスクを予定に入れます。以上です。

慌てない準備をしておく

あの人は生まれつきイライラしたり、悩んだり、ストレスが溜まることがないのか。そう感じさせるような人がいます。でもそんな人はきっといません。**メンタルが安定しているように見える人は、すでに必要な準備を終えているのです。**慌てないために「想定される事態とその対処法」を自分なりに考えてあるのです。だからなにが起きても動じない。傍からはなにも考えていないように見えるのですが。

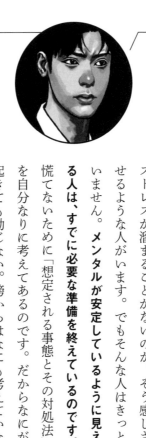

どうにかしようがあることだけを考える

私たちは心配しやすい生き物です。心配事のせいで目の前のことに集中できない時もあるでしょう。ある大学の研究によれば「全心配事」の79％は実際に起こらないそうです。残りの21％のうち、５％は自分の力ではどうしようもない。**だから16％の「どうにかしようがあること」にだけ意識を向ければいい。**そして「いつまでにどうなればいいか」「いつなにをどうするか」を先に決めればいい。心配の役目はそこでおしまいです。

欠点を有効活用する

自分の欠点を否定することはありません。**欠点というのは個性でもあるし、使い方を変えれば、特殊能力かもしれないからです。**会話に自信がないなら、聞き役に終始すればいい。飽きっぽいなら、手当たり次第興味を持てばいい。心配性なら、徹底的に準備すればいい。神経質なら、目を行き届かせて改善すればいい。面倒くさがりなら、すべて効率化すればいい。自信がないなら、周囲を信じればいい。普通の人にはそんなことはできませんから。

瞑想をする

自分自身の感情や考えを知り、受け入れることで心は安定します。**だから予定と予定の合間に瞑想をするのはおすすめです。**瞑想は簡単です。まず快適な姿勢をとり目を閉じます。吸う時は吸うことに、吐く時は吐くことに意識を向けます。そして自分の心や身体の感覚に意識を向けていきます。なにか思考してもその思考に固執することなく、静かに追い払います。私の場合は5分で心がやすらぎ、10分で頭の雑音が消えます。

固執している時は判断を止める

早く目的地にたどり着くべきか、安全に目的地にたどり着くべきか。上司や取引先のご機嫌をとるべきか、お客さんに満足してもらうべきか。**疲れてくると次第に視野が狭くなり、自分の考えに固執しやすくなります。**だから自分の主張を曲げたくない時は気をつけます。それは自分の意思なのか。固執していないだろうか。一旦手を止めて冷静になり、再選択してみてください。

成功者の大半はドM

反対意見が多かったり、状況が不利だったりすると、普通はやる気を無くしてしまうものです。でもそれは「自ら選択している感情」だとも言えます。逆風が吹くほど「面白そうだ」と感じる人もいるからです。ほとんどの成功者がそうです。**成功者の多くはドMです。**メンタルの負荷が高いほど、後で大きな成果と喜びにつながると考えています。成長痛によって身長が伸び、筋肉痛によって筋肉が大きくなるように。

誰もいない場所で
スキップをする

どうしても怒りがおさまらない時は誰もいない場所にいきましょう。そしてスキップをしましょう。すべての怒りを振り落とすイメージをしながら、肺の中にたまった空気を全部吐き出すつもりで呼吸をしながら、ぴょんぴょん跳ね回りましょう。**人はスキップをしながら腹を立てることはできません**。あっという間にバカバカしくなっていくのでおすすめです。ただし階下の住人には注意して。

仕事の一貫として
ぼんやりする

手を休めるとは、頭も休めるということです。だらだらメッセージをチェックしたり、SNSを見たりしては頭は休まりません。ぼんやりする努力をして。**サウナを利用すると「整う」などと言いますが、なぜ整うかといえば半裸でなにもできない環境にあって「ぼんやりするしかない」から。**休憩中にまで「ぼんやりするのは時間の無駄だ！」と思わせているのは狂いかけの自律神経です。気をつけて。

心が折れる暇なく実行する

大きな成果を出すまでに、何度も挫折を経験するのは当然。よくそういう話を聞きます。でも私はそうは思いません。昔、ある先生から「成功は積雪に似ている」と言われたことがあります。**雪が美しく積もるのは、地面に落ちて溶け切る前に、次々と雪が降るからです。**結果や反応を待たずに次々と実行できることを実行する。そうすればやっている仕事のいずれかが成果を結びます。心を折っている暇などないのです。

頭から肯定する

脳は柔らかくて形を変えやすい。だからよく通る思考回路は幅が広いようです（これを「脳の可塑性」と言うそうです）。いつも物事をつい否定的に考える人は、「否定する思考回路」が広すぎるのかも。少し意識を変えます。そして**人の意見を頭から肯定する。人の話を真剣すぎるほどに聞く。ダメ出しをちょっと我慢する。**そうしていると次第に「肯定する思考回路」が広がり、自分の行動に対してもっと肯定できるようになってきます。

悩んだら歩きながら考える

悩み事がある時は、歩きながら考えることにしています。**「前向き」という言葉のとおり、外の空気を吸いながら前を向いて歩いていると、考え方も前向きになっていきます。**明るい解決策も浮かびやすくなります。悩みの大きさに合わせて歩く距離を変えてもいいです。この悩みは平凡だから近所の小学校まで、この悩みは手強そうだから2駅分という具合に。歩き疲れた頃には気持ちも落ち着いているはずです。

自分の「ものさし」を決めておく

この人の機嫌を損ねたくない。この人の言う通りにしておこう。と、あちこちでいい顔をして生きていると自分の判断基準が狂っていきます。判断基準が狂うと仕事も雑になりがちです。ものさしを一つ持ちましょう。人物でも企業でもカルチャーでもいい。「この価値観でいく」と腹に決めるのです。**私の場合は稲盛和夫氏です。**迷った時には一旦稲盛和夫氏の視点に立って行動を選択し直します。おかげで流されることはありません。

わざと責任を取りにいく

会社員は不自由なものですが、自由になっていくことができます。**なんでも責任を取ってしまえばいいのです**。情報を集める責任。アイディアを出す責任。問題解決をする責任。やると言ったことをやり切る責任。失敗した時にきちんと説明する責任。そういった責任を取れる人は早く帰ろうがいつ休みを取ろうがなにも言われなくなります。覚悟を決めるほど実はのびのびと働けるのです。

自分をリスペクトする

メンタルを守るために一番大事なこと。それは結局、自分をつねにリスペクトし、自分に優しく接することだと思います。**なにがあろうと「自分は最高だ」と信じる。**誰かと比べることなく自分の声や価値観に従って生きる。そしてどんな失敗をしても自分を責めることなく「学びと成長だった」と受け入れる。それさえ守っていれば、多少落ち込む日があったとしても、明日には「まあいいか」と明るく開き直れるものです。

メンタル管理の基本

1
自己受容

自分の感情をありのまま受け入れる。
我慢せずに表現する。

2
体調改善

瞑想と呼吸、リラックス、適度な運動、
良い食事などによって体調を整える。

3
孤独感の軽減

家族や友人と感情を分かち合う。
雑談をする。一緒に遊ぶ。

Relationship Demons

遠すぎず近すぎない、
穏やかな関係を。

湯船の中で反省する

お風呂の時間は「反省時間」です。出入り口にスマホを置いて、身体を洗い、湯船に浸かったら、今日一日の自分の言動を振り返りましょう。誰かの個人的な話を会議の席で口走った。誰かの手柄を軽んじるような発言をした。仕事を引き受けてくれたのにお礼を言えなかった。そういうミスを思い出すことがあります。でもくよくよしません。淡々とお詫びや感謝のメッセージを送るだけです。

復讐リストを作る

誰かの軽はずみな発言で傷つくことがあります。でも相手はたぶん言ったことすら記憶していないでしょう。それでも自分だけが傷つくというのは面白くありません。だから私は考えました。**「復讐リスト」を作るんです。**リストには相手の名前と、心無い発言の内容を書いておきます。その後、私の心が折れそうになるたび、そのリストを見返してこう思う。「もしここであきらめたら、この人たちの思うツボだ」と。

人間関係が安定している人の心がけ

人間関係が安定している人には共通点があります。①悪口を言わない。②相手によって態度を変えない。③感謝することを忘れない。④相手をコントロールしようとしない。⑤ケチくさいことはしない。⑥自分から挨拶をする。⑦7時間以上寝る。⑧毎日身体をきたえている。⑨相手の話をよく聞く。⑩いつも笑顔……**このように生きれば、余計なタスクを増やさずに済みます。**

黙って相手の目をとらえる

自分は基本的に「侮られている」と思うようにしています。私に対する評価は低いし、うまい話はこないし、詐欺師からカモにされるかもしれない。だから相手とは目をそらさずに喋ります。**怖いからこそ、話す時はあえて相手の目を凝視するのです。**ちょっとした沈黙にも耐えます。相手の発言に対してはゆっくりと頷きます。それだけで十分、隙がなさそうな人間に見えるはずです。

自分から沈黙を作る

なにか交渉事をしている時、つい話をまくし立ててしまうことがあります。自分の話を拒否されることを恐れているからです。でもこういう会話がうまくいったためしはありません。**私は途中で勇気を出して黙り込みます。そして沈黙の間を作ります。**相手の自発性を生み出すためです。相手の口から「買う条件」が出たら、その交渉事は決まったも同然。人は提案されると反発するものですが、自分で提案したことには従うからです。

筋肉だけでも笑う

やっぱり笑顔が最強です。心から笑ってなくてもいい。顔の筋肉を動かして、目を細めて、口角を上げるだけでもいい。**「笑顔」さえ表現できていれば、たとえ心の中がどれだけパニックでも、落ち着いて自信があるように見えます。**
また笑顔やご機嫌というのは種みたいなもので、いたるところで撒いていると時間差で良い出来事が起こるもの。私にもできるささやかな社会貢献です。

面会の目的はなるべく早く話す

まず自分がいま抱えている問題（欲求）について話します。そしてその問題（欲求）を解決するために、知識かアイディアか資金か紹介か情報か、相手になにを求めているのかを伝えます。そのかわりに、こちらはなにを提供できるのかを伝えます。本題はそこからはじまります。**本題に入るまでが早いほど、次にまた会ってもらいやすくなります。**時間泥棒が会えるのは時間泥棒だけです。

最初からいい人を演じない

相手に好かれたいと思うとついいい人を演じたくなります。でもそうすると短い付き合いならともかく長い付き合いではうまくいきません。私じゃない私が好かれても、背伸びした私が気に入られても、いい人としての活動が認められても、いつかは素の自分が出てしまいますから。

結局そのままの自分でふるまうのが一番です。

それで嫌われたとしても仕方がないのです。

たまには「多数派」を外してみる

高望みはしない。刺激もいらない。ごく普通に生きられたらいい。買い物も、遊びも、旅行も、趣味も、食べ物も、ランキング上位の高評価のものさえ選んでいれば、生存戦略としては間違いないでしょう。**でも私はときどき「あえて外してみる」のもありだと思います。**王道を外せば外すほど、他にはいない面白い人間になっていきます。そしてそういう人間を求めている人はどこかに必ずいます。それも生存戦略の一つです。

心配するほど深刻ではない

メールを送ったのにまったく返信がこない。すると「無視された」「嫌われている」「自分が存在として軽んじられた」ととらえて落ち込むことがあります。これは自己中心的な「認知」です。**望ましくない認知は、修正してタスクに変えることができます。**「相手は忙しいのかもしれない」「返信内容を考えているうちに忘れたのかもしれない」といった修正をして、「もう一度メールを送る」「来週までに返信がこなかったら電話をする」といったタスクに変えます。

優位性を示されたら持ち上げる

私は「負けず嫌い」な人は嫌いではありません。でもしつこくマウントを取ってくる人は相手をせず、**「承認欲求が強い人だな」という驚きを持って接します。**マウントを取りたがる人は、他人に侮られることを、人並み以上に恐れている人だと言えます。だから「下に見られて悔しい」というよりも少し気の毒に思います。そして「それはすごいですね」「私のはるか上をいってますね」といった言葉が自然にこぼれます。

感謝の気持ちは隠れて示す

自分の人生を変えてくれた。そんな手助けをしてくれた人物はきっと人格者です。お返しをしようとしても「お気持ちだけでけっこう」と遠慮するかもしれません。でもその厚意には甘えません。**その人のためにできることはこっそり手伝い、その人が売っているものがあればこっそり買い、その人の告別式にはいち早く参列します。**感謝は黙って行動で示します。

小さなお願い事をする

協力者を増やすコツがあります。まずその人の負担にならないような頼み事をします。なにかを教えてもらう、貸してもらうなどが良いです。応じてくれたらすごく喜びます。すごくお礼も言います。お返しをしてもいいでしょう。他の人にもそうします。**そうやって「あなたはとても頼りになります」という気持ちを周囲に配っていくのです。**そうすれば自分が追い込まれた時、陰ながら助けてくれる人がいるはずです。

陰口は不時着させる

陰口には乗らないし、止めることもしません。**透明人間になったつもりで「いろいろあるんじゃないですか」と受け流せばいいと思っています。**ただいくら気をつけていても、自分がつい陰口を言ってしまう時があります。そのまま放置したら危険です。誰の口からどう伝わるかわからないので、自分からその「陰口」を「お願い」の形に変えて、なるべく早く本人に直接伝えましょう。

説明は1分以内に切る

多くの人は長い説明を聞いていられないようです。**途中で疑問点、引っかかる点などがあると、そのことがずっと頭から離れないからです。**相手はこちらの存在を壁にして、自分の気持ちと照らし合わせたり、内容を整理しながら理解しています。だから説明は1分以内に切っていきます。話が中途半端になっても、相手が質問できるように黙るのです。そうすればお互いに理解し合えるはず。

非難されたら感謝する

自分の悪い点ばかり指摘されると、「じゃあこっちだって言わせてもらうけど」とやり返したい気持ちも生まれます。でも口を閉じましょう。そしてさっさと謝ります。そして感謝します。怒りをぶつけても、得るものは疲労だけだからです。**そもそも指摘してくれるということは、期待してくれているということです。**怒る必要などどこにもなかったのです。

嘘を使い分ける

人と生きていく上で嘘は不可欠ですよね。**でもその嘘が自分のためなのか、相手のためなのかの見極めは重要。**自分のためにつく嘘はどんなに小さな嘘でも許しません。心配を生み、自信をなくし、つじつま合わせのタスクを増やす危険があるからです。でも相手のためにつく優しい嘘は否定しません。知らないふりや、知ったかぶりも、相手のためだったらためらうことはありません。

人と会う約束は絶対の約束

人にうつす病気の場合をのぞき、人と会う約束をしたら絶対に守ります。歩ける状態ならば、たとえ骨が折れていても。直前のキャンセルは相手に「あなたは優先順位が低い」と伝えているようなものだからです。**無理をしてこなくていいと言われても無理をして行くのです。**それだけあなたのことが大事だと行動で示すのです。それが約束というものです。

「辛辣な言葉」は受け取らない

辛辣な言葉をぶつけられる。一方的な都合を押し付けられる。それらを丁寧に受け取る必要はありません。反応せず、黙っていればいいのです。あるいはよくわかっていないふりをして「とても勉強になります」とだけ返答します。**プレゼントを渡そうとして、もしこちらが受け取らなかった場合、そのプレゼントは誰のものになるでしょうか。**聞く方もつらいですが、言う方だってきっとつらいのです。

助言者を決めておく

生き方、働き方、考え方について、他人から助言をされても私は参考程度にとどめます。私以上に、私のことを真剣に考えている人間などいないからです。ただ魚には水が見えていないように、私にも自分が見えていない部分がありますす。**だから私のことを客観的に見てくれる「5人の助言者」を決め、その人たちと定期的に会って話すようにしています。**そしてその人たちがすすめることには無条件に従います。

陰で支えてくれる人に声をかける

仕事をさせてもらうこと自体、当たり前のことじゃない。私の仕事を陰で支えてくれている人たちがいるのも当たり前のことじゃない。その気持ちを忘れないために、誰よりも積極的に声をかけ「この間の○○は助かりました」「いつも○○していただいてありがとうございます」などと感謝します。相手の反応は気にしません。

感謝を伝えるのは、私のためだからです。

こちらから距離を縮める

相手に好かれたいけど傷つくのが怖い。相手に注目されたいけど恥をかくのは怖い。相手に認められたいけど失敗するのは怖い。そんな葛藤を抱える時があります。でも頭ではわかっているのです。どちらかがリスクを負わないと、人間関係の距離は縮まらないということを。だから多少痛みを伴っても、こちらから一歩を踏み出します。**寒い時はハリネズミだって寄り添い合いますから。**

お礼のメッセージは最速で送る

たとえ面倒でも送った方がいいと思うのが「今日のお礼」のメッセージです。顔合わせの後、打ち合わせの後、交流会の後など、私は参加者全員に「できるだけ早く」送るようにしています。帰り道に送ることもあります。**会ってすぐならば短くてシンプルな内容でも気持ちが伝わるからです。**反対に、時間が経つほど「内容をちゃんとしたもの」にする必要がでてきます。その内容を考える時間と手間をできれば省きたいです。

摩擦を覚悟する

どれだけ気の合う人間でも、自分とは育った環境が違います。**お互いの「当たり前」は微妙にずれます。自分の正解は、誰かの間違いです。**だから「全員から同意を得る」というのは、そもそもとても難しいことなのです。もしなにか新しいことをしようと思ったら、どこかで摩擦が生じるのは当然です。その摩擦がなくなるまで話し合う。その覚悟こそが大きな成果につながります。

初対面は万全でのぞむ

私が腕を骨折した日に初めて訪れたお店があります。そのお店のマスターから「骨折のゴンドーさん」と呼ばれ続けてもう1年以上。**人間の第一印象というものは約3年間続くようです。**たとえとっくに骨がつながっても、3年も印象を変えられないのです。だから初対面の時こそ体調を万全にして、身だしなみを整え、笑顔で話をするだけの価値はあると思います。

誠意は非効率に示す

私は基本的に効率の悪いことが嫌いです。**しかしコミュニケーションだけは効率を考えない方がいいと思っています。**「時間を取ってもらった」「わざわざ遠くから来てくれた」「結局本題はあまり話せなかったけど、お話できて楽しかった」といった非効率さが価値になるからです。この人に信頼されたいと思ったら、最初にたくさん手間をかけるのが一番効率的なようです。

寂しい思いに寄り添う

部下から不満の声が上がる。その不満を解決する。また別の不満の声が上がる。そういうやり取りが繰り返される時は、その部下の本心に意識を向けます。**すると問題の裏側に「自分は尊重されていない」「自分に関心が向けられていない」などといった「寂しい思い」に気づけることがあります。**そういう時は「寂しい思いをさせないためにどうすればいいか」という問題に向き合った方がスムーズです。

会う人は慎重に選ぶ

かつては、とにかく人に会ってもらうことが大切でした。なぜならば一部の人に「権力と情報」が集中していたからです。しかし今ではその傾向は弱まっています。ならばどうでしょう。「人と会う」という行為はそれなりの時間とエネルギーを使います。会う人は慎重に選んだ方が良いのではないでしょうか。**知的な人間ほど、他人と会う時間が長いと不幸を感じるそうですし。**

身だしなみに全力を注ぐ

結局、人は見た目と清潔さで判断されてしまいます。しわだらけの服をきて、体臭を放ったらかして、目を泳がせている人と、清潔な服を着て、ほのかな柑橘系の香りをさせて、にこやかに見つめてくる人とでは、話す前から大きな差がついています。だから商談を成功させるために最も神経を使うべきは、プレゼンの構成でも雑談のネタでもなく身だしなみなのです。

パーティーでは欲張らない

パーティーの鉄則は「長く話さないこと」です。自由時間はせいぜい1時間しかありません。一人ひとりとの会話は短く切り上げます。そしてより多くの人と接点を作ります。**そこで求められるのは「記憶に残る自己紹介」と「共通点の数」だけです。**趣味でも出身地でも好きな食べ物でもなんでもいい。共通点をいくつか見つけられたら目的達成。さらに距離を縮めたい時は後日連絡をして、1対1で会う約束を取り付けるのです。

対人関係の基本

1
コミュニケーション

こちらから声をかける。
相手の意見と感情に耳を傾ける。

2
共感と思いやり

相手の立場や感情に共感し、思いやりを持つ。
感謝の気持ちを表す。

3
問題解決

感情的にならず、客観的な視点で解決をはかる。
自己主張と受け入れのバランスを取る。

CHAPTER6

動機づけ

Motivational Devils

最後に私を動かすのは、
私から出る言葉。

面倒だと思ったらやる

トレーニング、事務手続き、大掃除、確定申告、お墓参りなど、やるべきだとわかっていることほど、やる前は面倒に感じるものです。しかし不思議なのです。**面倒だと思うことに限って、やり終えたら、心からやってよかったと思います。**だから「面倒」という感情は、「やろう」というサインなのです。従っていれば間違いありません。

自己肯定感を守るために

やろうと決めたのに実行できなかった。そんなのは普通のことでしょうか。でもそれは「自分との約束をキャンセルする」ということです。言わば、自傷行為に近いことだと思っています。**私は自分のことが大好きです。**自分のことを裏切りたくはないし、傷つけたくもない。とても大切に思っています。だからどんな理由があるにせよ、約束をしたら守りたいと思います。

やろうと決めたことは貼りつける

こうしようと決意する。でもその決意はなかなか続きません。日々忙しく働いているうちに、意識から消えてしまいます。**だからこうしようと決めたら、とにかく紙にペンで書いて、「トイレ」「玄関」「寝室の天井」の3ヵ所に貼りつけます。**その3ヵ所は頭が切り替わる場所です。自分に何度も思い出させ、何度もタスク化させてくれます。

逃げ場は自分でなくす

私たちの行動は、意志よりも環境に左右されやすいものです。**だから「どうしたらがんばれるか」で悩むより、「そうするしかない」状況に追い込む方が確実。**あとで行くのが面倒になるので予約をします。仕事を一気に片付けたいので締切を早めます。部屋をきれいにしたいので友人を家に招きます。逃げ場をなくすと、思っているよりも速く走れます。

選んだ山は登り切る

時々「こんなことをやっていて意味があるのか」と不安になることがあります。でも私は一度登り始めた山は、最後まで登り切ろうと決めています。どの山を登っていようとも、**必ず苦しい場面はやってくるし、ある程度登ってみないと見えない世界があるからです。**私の選択はいつも、登るか、登るかです。

状況が変わったら対応する

以前と変わってしまう。それはそうです。現状とは変わっていくものです。それはどうしようもないことです。不平を言ったり、嘆いたり、抵抗したりするのは時間がもったいない。「だったらどうするか」を考えて、「それをいつやるのか」を決めて、実行するだけ。変わったら対応すればいいのです。**断固として変えさせない、というのは私の役割ではありません。**

理由とセットではじめる

新しい習慣を継続するために私はこうします。

まずは「はじめる理由」を考えます。理由が見つかったら周囲に「こういう理由でこの習慣をはじめた」と宣言します。一日の時間割にその習慣を組み込みます。最初の3日間は1回でも1分でもいいからやります。1ヵ月間は向上心を持たずに「楽にやること」だけを目的にします。3ヵ月続いたら周囲の人にも「一緒にやろう」とおすすめします。**するとだんだん挫折する方がつらくなってきます。**

他人の機嫌は気にしない

基本的に、他人の機嫌は無視していいと思っています。他人の感情は私の管理下にないからです。二日酔いの日もあれば、体調の悪い日もあれば、家族や恋人とうまくいってない日もあるでしょう。**私たちは私たちの正義を通せばいい。それで相手に嫌われても仕方がないです。**いやでも嫌われるほど、関心を持ってもらえるならむしろ喜ぶべきかもしれません。

はじめに手間をかけておく

先にシャワーを出してから服を脱ぐと、浴びる時に温かいお湯が出て寒い思いをしない。私はそういう「効率がいい話」が大好きです。**でも最初から近道をしたいわけではありません。**現場に足を運んでそこの空気に触れたり、直接会って話を聞いたり、自分が体験したりすることでしか得られない情報があります。そういう手間は惜しみません。結果的にその方が効率が良いからです。

組織のメリットを優先する

貧しい漁師は魚を捕まえることしか考えられませんが、豊かな漁師は海全体の環境のことを考えます。組織も同じです。自分よりも部署のメリットを、部署よりも組織全体のメリットを考えられる人が、最終的により大きなメリットを得ています。例外はありません。そういう人は経費を水増し請求したりしないのです。

楽しいことに
アンテナを向ける

私はできるだけ運を良くしたいので、とにかく上機嫌でいるようにしています。表情だけではありません。心の中のアンテナを「なにか楽しいことはないか？」に向けているのです（お笑い芸人のネタ探しのようです）。**するとごくありふれた景色から面白い発見をしたり、ちょっとした声かけから素敵な出会いがあったりします。**いつも不機嫌だったり、スマホを見てばかりだとそうはいかないはず。

苦手でももう一回だけ
やってみる

「自分の好きなことだけを追求しろ」という成功者たちの言葉は心に響きます。でも好き嫌いで選ばなければ、この世には可能性がたくさんあります。私がおすすめしたいのは「苦手でもとりあえずやってみること」です。そうすると思わぬ視界が開けます。未知の面白さに出会えたりします。**嫌いになるのは、もう一度食べてみてからでもいいと思うのです。**

飽きたら不慣れなことをする

今やっている仕事に面白みを感じられなくなった。そういう時は自分自身に面白さを感じられていない時かもしれません。行ったことのない場所に行って、不慣れなことにチャレンジしてみましょう。パーソナルジム、格闘技、ピラティス、英会話、味噌作り……なんでもいい。**とにかく今まで使っていなかった脳を刺激すれば、仕事の見え方が変わり、新しい発想が生まれ、ちょっとだけ精神が安定します。**仕事に悩み続けるくらいなら試してみる価値あり。

自分に優しい声をかける

いつも自分にばかり厳しく接していますよね。

だからこの大変な仕事が終わったら、やりたいことをやろう。おいしいものを食べよう。ほしい物を買おう。行きたい場所に行こう。会いたい人に会おう。好きな動画を心ゆくまで楽しもう。いつもありがとう。そんな風に自分のことをいたわってあげましょう。贅沢をするから元気になるわけじゃない。気にかけてくれているという気持ちがほしかったのです。

「今日やり切ったか」だけを振り返る

毎日思います。**人生において「今なにを手にしているか」にはそこまでの価値はないんじゃないかと。**昨日よりも良くなれば嬉しいし、悪くなればがっかりする毎日だからです。それより昨日よりも「少しでも良くしよう」と思い、そのために今日なにか実行できたかどうか。その感触こそが生きているという手応えになります。そして心を安らかにしてくれます。

自分に過剰な期待をしない

「絶対にうまくやらなきゃ」と気負っても苦しくなるだけですよね。あまり自分に期待しすぎない。そのかわりやると決めたことを粛々と片付ける。**最初はペダルが重く、思うように前に進まないかもしれませんが、地道に漕いでいればリズムが生まれます。**そしてそのリズムさえ守れば、いつか思っていたより遠くにたどり着いているものです。

ゴールからスタートする

条件がそろってから始めようと思うとなかなか始まりません。**一方で、始めることを先に決めると条件の方がそろっていくものです。**もしお店を出すならば、まず開店日を決めます。開店日を決めると、いい物件が見つかります。物件を決めると、必要な知識や技術が身につきますし、必要な人材と出会えます。そしてその人材が自分に一歩を踏み出す勇気をくれるでしょう。脳は完成形を決めると、必要な材料を見つけ出す特殊能力があるのです。

結果に一喜一憂しない

自分の仕事が良い結果を生むことがあります。それはもちろん嬉しいことです。でも、手間のかかった仕事が不本意な結果になることもあるし、あっさり終わった仕事がすばらしい結果を生むことがあります。**結果はコントロールすることができない。だから一喜一憂はしない**と決めています。無駄な体力を使うことなく、次の仕事に取り掛かりたいからです。

昨日の自分を信頼する

いざ実行するとなると、面倒になる、気が変わるものです。**でも「過去の自分」がこうすると決めたことについて、拒否する権利は「今の自分」にはないと思っています。**事務的に「ただやる」だけです。それは私が「過去の自分」を誰よりも尊重し、信頼しているからです。

目標はシンプルにする

目標はシンプルなものにしましょう。運動会で先生が突然「がんばった人も1位です」と言い出せば、子供たちはきっとやる気をなくすでしょう。仮装レースで主催者が「元気の良さもポイント」と言い出せば、参加者たちはきっと混乱するでしょう。**私にとっての理想は鳥人間コンテストです。**「どこまで飛行時間を伸ばせるか」という目標の明確さに憧れます。

今日のエネルギーは残さない

その日のエネルギーは、その日のうちに使い切ります。**消費期限は今日までだからです。**一人でも多くアポを取るし、一行でも多く文章を書くし、1ページでも多く本を読むし、1回でも多くスクワットをします。とにかく毎日、限界まで使い切ります。眠りにつくのは、気絶するのと大差ありません。それでもエネルギーは明日また回復しますから。

希望は不安とセット

人生の悦びはなんでしょうか。私の場合は「やってくる課題」を「徹底的に解決」することです。**解決していくのは快感です。**自分の力で切り拓いている感じがします。課題のレベルは高くなっていく一方なので、いつでも不安です。冷や汗をかかない日、胃が痛くない日などありません。それでも不安があるということは、きっと自分の可能性を信じられているのでしょう。

小さなことに神経を注ぐ

「小さなことを丁寧にできる人は大きなことも丁寧にできるが、小さなことを雑にやる人は大きなことも雑にやってしまう」そんな聖書の言葉にならって、私は心をこめて挨拶をしたり、荷物をそっと置いたり、ドアをゆっくり開け閉めしたりするようにしています。**それはいつか大きなことを成し遂げたいからですし、いつも日常に小さな喜びを感じていたいからです。**

タスクに分解する

私にとって大変な仕事という考え方はなく「タスクが多い仕事」だと考えます。**細かく分解していけば、どんな仕事もタスクの集合体になります。**自分ではうまく分解できない時は、「人に聞く」か「調べる」ことをタスクにします。あとは締切に間に合うよう、慎重にタスクを並べ、潰していくだけです。営業の新規開拓も、引っ越しも、テーマパークの運営も同じように考えています。

「仕方がない」からできる

継続するモチベーション。目標に向かうモチベーション。新しいことをはじめるモチベーション。それらは私にはあまり必要ありません。モチベーションの力というものは、結局いつか切れてしまうものだからです。**私は「いつやるか」か「いつまでにやるか」を決めているだけです。**そしてそのタイミングがきたら、「やることになっているから仕方なくやる」だけです。

締切を収集する

次から次へと締切がやってくる。それは私にとってベストな状態です。**ずっと締切に追われながら、私の背後で矢継ぎ早に仕事が完了していくという状態が至福なのです。**その想像をするたびにもっと課題を引き受けられる気がします。「死を意識してこそ生は輝く」と言いますが、締切を意識してこそ私の心は輝きます。

やる気が出ない時は
ゴミを拾う

気が抜ける。仕事が雑になる。やる気が出ない。そういう時はゴミを拾わせてもらうことにしています。**電車から降りて自宅に着くまでの道のりで見つけたすべてのゴミを拾います。**もしくはトイレ掃除をします。便座を拭き、便器を磨き、床をきれいにします。そうすると「今の仕事を始めたばかり時の感覚」を思い出せることがあるのです。ここはまだ出発点で、これからどこにでも行けそうな、あの感覚を。

「わからないもの」を拒否しない

わからないものを理解するのはエネルギーがいります。**でも異なる文化と出会ったら、理解しようとする努力だけはします。**すぐに共感できなくても、そういう見方もあるのかと受け止めます。少なくとも「拒否は保留」しておきます。好奇心とは、新しい環境に適応するために必要な力。年齢は関係ありません。一度フタをしてしまったら、いつか時代に取り残されていくでしょう。

寝る前30分だけ自由に過ごす

自分が使える時間をあえて「不自由」なものにする。私はそうすることで自分自身をコントロールできるという「自由」を手に入れることができました。でも寝る前の「30分間」だけは特別です。**この30分間だけは自分に「完全な自由」を許可します。**マンガを読んだり、ネットで買い物をしたり、横になったりすることも許します。この時間のためにがんばると言ってもいいです。やり残しのあった日は、この時間にあまりリラックスできませんから。

自分が考えたように生きる

結局私はただ、自分が考えたように生きたいだけなのです。そうしないと、自分が生きたようにしか考えられなくなるからです。毎日同じ道を通り、同じ電車に乗り、同じお店で食べる。そんな自動運転状態から抜け出すために、自分のことを何度も客観的に見て、改善の余地がないかを検討していきたいのです。そしてそのヒントとして人との会話や本、旅、そして私に与えられた仕事が必要なのです。

動機づけの基本

1
目標設定

「具体的で達成可能な目標」を設定する。
進捗状況を確かめる。

2
前向きな習慣

感謝をする。人に親切にする。
否定的な言葉を避ける。

3
成長の実感

スキルや知識を身につける。
失敗も成長だととらえて挑戦する。

おわりに

おわりに

人生を充実させるためには「今を大切に」するべきだ。
というのは頭ではわかっていました。
でもそのために一体どうすればいいのかがわかりませんでした。
目の前のことに集中しようと言われても集中できないし、
まわりの目を気にするなと言われても気にしてしまうし、
過去を悔やむなと言われても悔やんでしまう。
今この瞬間を大切にしよう、と決意したからといって、私にとってそう簡単にできるものではなかったのです。

だから私は「後を大切に」しながら生きることにしました。
言い換えれば「どうすれば後の自分のためになるか」を考えて行動するようになったのです。

はじめは、明日着るスーツを出しておく、食事の前にシンクを洗っておく、明日の会議の準備をする、といった小さなことからはじめました。

そして次第に、SNSを見ない、重たい仕事から片付ける、二次会には行かない……などどんどん合理性を追求するようになりました。

そんな生き方は窮屈じゃないのか。

今やりたいことを我慢しているんじゃないか。

そう自問自答したこともあります。

でも実際はとても心地良いものでした。


その心地良さは「自分の一番の理解者である自分が、自分のためを思って行動している」という安心感に根ざしています。


この安心感さえあれば、私は目の前のタスクに集中することができる。

あれこれ思い煩わない、矢のようにまっすぐな時間を体験できる。

そしてそんな時間こそが、まさに「今を大切に」している時間だと気づいたのです。

誰もが悩みを抱えながら生きています。

人前ではまるですべてがうまくいっているかのように明るく振る舞っている人でも、仕事、夫婦関係、子育て、体調、親の介護……などでなにか困難な問題に直面しているかもしれません。

一方で希望も持ちながら生きています。

いつか起業したい、家族で旅行をしたい、大きなプロジェクトを立ち上げたい、楽器を弾けるようになりたい、子供をいい学校に行かせたい、売上ナンバーワンになりたい。

そういう夢は誰にでもある。

私もそうだし、きっとあなたもそうでしょう。

そんな悩みや希望と「向き合う余裕を持つ」ためにはどうしても自己管理が必要になります。

でも自分に厳しくしなくていい。

厳しくしても、些細な失敗で落ち込み、自己肯定感を下げるだけ。
自己管理はそもそも「自分のほめるところを増やすため」にするものだと思ってほしいのです。
むしろ自分にとって、楽にできるペースでちょうどいい。

私たちは単純です。

より多くのことを実行できるほど、自分のことをほめられるようになります。
そして自分のことをほめられるほど、より多くのことを実行できるようになります。

それ以上に人生を充実させる方法はないと、私は思っています。

ゴンドー優希

『ファンベース』佐藤尚之：著（筑摩書房）

『もっと幸せに働こう 持たざる者に贈る新しい仕事術』MB：著（集英社）

『とにかく仕組み化―人の上に立ち続けるための思考法』安藤広大：著
（ダイヤモンド社）

『なぜ、あなたの仕事は終わらないのか スピードは最強の武器である』中島聡：著
（文響社）

『ともに戦える「仲間」のつくり方』南壮一郎：著（ダイヤモンド社）

『脳のパフォーマンスを最大まで引き出す　神・時間術』樺沢紫苑：著（大和書房）

『ストレスゼロの生き方』Testosterone：著（きずな出版）

『人生格差はこれで決まる 働き方の損益分岐点』木暮太一：著（講談社）

『巨富を築く13の条件』ナポレオン・ヒル：著／田中孝顕：翻訳（きこ書房）

本書を制作するにあたり、以上の書籍を参考にさせていただきました。
この場を借りてお礼を申し上げます。

参考文献

『心。』稲盛和夫：著（サンマーク出版）

『生き方』稲盛和夫：著（サンマーク出版）

『考え方〜人生・仕事の結果が変わる』稲盛和夫：著（大和書房）

『経営12カ条 経営者として貫くべきこと』稲盛和夫：著（日経BP 日本経済新聞出版）

『稲盛和夫の実学—経営と会計』稲盛和夫：著（日本経済新聞出版）

『稲盛和夫一日一言』稲盛和夫：著（致知出版社）

『[新装版]成功への情熱』稲盛和夫：著（PHP研究所）

『モチベーションの心理学 -「やる気」と「意欲」のメカニズム』鹿毛雅治：著（中公新書）

『[完全版]生きがいの創造 スピリチュアルな科学研究から読み解く人生のしくみ』飯田史彦：著（PHP研究所）

『「アタマのやわらかさ」の原理。 クリエイティブな人たちは実は編集している』松永光弘：著（インプレス）

『自分の顔が好きですか？——「顔」の心理学』山口真美：著（岩波書店）

『新装版　自分を捨てる仕事術 鈴木敏夫が教えた「真似」と「整理整頓」のメソッド』石井朋彦：著（WAVE出版）

怒っていても、
凹んでいても、
不安でいても、
コルチゾールを増やすだけ。

ゴンドー優希

経営者。講演家。通称「実行の鬼」。学生時代は計画性のない人間だったが、日本電気株式会社（ＮＥＣ）に入社後、自己管理にめざめ、わずか３年でトップ（約３万人中）営業マンになる。独立後、人生の大半のこと（仕事、起業、勉強、趣味、恋愛、育児など）はすべて自己管理が解決すると信じ、育児に注力しながら、事業活動・講演活動を次々と拡大している。

実行の鬼
最速で結果を出すためのエクストリーム自己管理術

2024年4月1日 初版発行
2024年4月19日 第2刷発行（累計1万2千部）

著者　ゴンドー優希

イラスト　蒼木こうり
デザイン　井上新八
DTP　株式会社 ローヤル企画

営業 二瓶義基
広報 岩田梨恵子
編集 橋本圭右

発行者　鶴巻謙介
発行所　サンクチュアリ出版
〒113-0023 東京都文京区向丘2-14-9
TEL:03-5834-2507 FAX:03-5834-2508
https://www.sanctuarybooks.jp/
info@sanctuarybooks.jp

印刷・製本　株式会社 光邦

PRINTED IN JAPAN